AF247671

LA MIRACVLEVSE REDEMPTION DES CAPTIFS.

FAITE A SALE', COSTE de Barbarie, sous les heureux auspices du Sacre du Roy Tres-Chrestien.

PAR LES RELIGIEVX de l'Ordre de la Tres-Saincte Trinité vulgairement appellez Maturins.

A PARIS,

De l'Imprimerie de Ivlian Iacqvin, ruë des Maßons, vis à vis l'Eglise de Sorbone.

M. DC. LIV.

Auec Permißion du General dudit Ordre.

AV ROY,

IRE.

Tous les Tableaux qui re-
presentoient au Temple d'A-
pollon la reconnoissance de la Diuinité, n'estoient pas d'égale matiere. Les uns estoient d'or, les
autres de cuiure, & les troisies-

ã

mes de bois. Voicy un œuure
consacré à vostre Majesté, qui
n'est pas tissu des plus doctes plu-
mes de vostre Royaume, ce n'est
que l'expression d'vne zelée charité, qui n'a rien de plus pre-
cieux au monde, que de cooperer
auec le Souuerain Redempteur,
au bien & au salut des Ames
abandonnées dans les Enfers de
Barbarie. Et dans ses effects, V.
M. reconnoistra que cét Ordre
protegé dans les fonctions ordinaires de sa profession, comme
il a esté de tous les Roys vos pre-
decesseurs, fera dire d'elle en
toutes les Nations, ce que les
Scythes disoient du grand Alexandre. Que d'vne main vous

EPISTRE.

tenez l'Orient, & de l'autre
vous embraffez l'Occident ; puis
qu'aux derniers siecles cét Ordre
doit fleurir, lors qu'vn Roy de
France fermant les Croiffans,
se verra Maiftre & Souuerain
de tout le Monde. Telle eft la
creance des Turcs & des Mores, qui pour ce fuiet honorent
& redoutent vos Armes & voftre Nom. Nom Augufte &
Glorieux, que reclament vos
Subjets, delaiffez en ces abyf-
mes comme des Ames au Pur-
gatoire, attendant vn prompt
foulagement à leurs peines & au
bien de leur liberté. Voftre Ma-
jefté le peut, appuyant de fon
auctorité les moyens que le S.

EPISTRE.

Siege Apostolique & les liberalitez Royalles en ont par Priuileges concedez à cét Ordre; qui sera en son Chef & ses Membres eternellement obligé de prier auec les pauures Captifs, pour voftre prosperité & santé,

SIRE,

De V. M.

Les tres-humbles, tres-fidelles & tres-obeyssans Subjets & Seruiteurs, FF. NAZARE ANROVX & IEAN HERON, Commissaires Generaux de ladite Redemption.

LA MIRACVLEVSE
Redemption des Captifs.

'EST vne remarque vrayement digne d'vn Empereur, que celle de Marc Aurelle ; lequel souloit dire à ses domestiques , que le propre de l'homme vertueux, est de demeurer tousiours en l'actiuité de la Vertu , & consommer sa vie , & ses iours aux actions recommandables au Ciel & à la terre. Telle a esté & telle est la pratique du Reuerendissime Pere Claude Ralle, lequel s'estant signalé en son Ordre par des actions de vertus Heroïques depuis cinquante ans de Religion, par sa rare Doctrine dans la florissante Vniuersité de Paris & Maison de Sorbone , par ses doctes Escrits , & les honorables Charges de Secretaire , Receueur, & Procureur General de la Redem-

A ij

ption ; enfin éleué au Generalat de
tout l'Ordre de la Trinité diuinement inſtitué (Innocent I I I. tenant le Siege Apoſtolique, l'an 1198.)
Ne voulant en rien ceder au zele de
ſes Predeceſſeurs en ce ſacré commerce ; ſes premiers ſoins furent dés
l'inſtant de ſon élection (ſur-chargé
d'ans & de merites) de deputer auec
les Peres du Chapitre General, des
perſonnes dignes de cét employ.

En 1653. au mois d'Aouſt, il en-
uoya l'vn des Peres Miniſtres Deputez, en la ville de la Rochelle, pour
connoiſtre s'il y auroit lieu & aſſeu-
rance de traitter pour vn embarque-
ment à Salé & Tetouan, qu'il auoit
ſceu de ſcience certaine, eſtre la plus
déplorable captiuité de toutes celles
de Barbarie & Turquie. Le traitté ſe
fit auec Marchands, pour partir au
plus tard dans le mois de Feurier en-
ſuiuant. Auquel temps les Reuerends
Peres Nazare Anroux Miniſtre d'Eſtá-
pes, & Iean Heron Miniſtre de Cha-
ſteau-Briand, deputez Commiſſaires
& Vicaires Generaux pour ladite Re-

demption , se treuuerent en ladite ville de la Rochelle , & ne s'embarquerent toutesfois auec Frere François de Mailly (qu'ils s'associerent pour leur soulagement , & seruice de ceux qu'ils alloient rachepter) qu'au vingt-cinquiéme Mars. Iour heureux, auquel le Verbe Diuin , fist voile sur l'Ocean de nostre mortalité, donnant par son Incarnation commencement au souuerain Mystere de nostre Redemption.

Lesdits Peres premunis du secours Diuin , ayans celebré en la Chapelle & Hospital des Dames Religieuses, Hospitalieres de la Vierge , & de la Benediction de Monseigneur l'Illustrissime & Reuerendissime Euesque, firent voile s'estans embarquez à Chef-debois , éloigné de la digue enuiron demie lieuë , & prirent le large de la mer en compagnie de deux autres vaisseaux au dessus des Caps d'Ortiguaire , Finistere , & de la Roque, pays de Galice & de Portugal.

Iusqu'au Samedy 28. iour tont succedoit si fauorablemét qu'ils se flattoiét

d'vne trop inopinee fortune. Mais
l'ennemy reuolté, qui ne manque iamais de donner échec à la profperité
des bonnes œuures, & nommément
de celles d'vne fi eminente pieté qui le
deuoient priuer de tant d'ames qu'il
prefumoit d'vne captiuité corporelle,
faire paffer à vne eternelle de corps
& d'ames, mit bien-toft toutes fes fu-
ries en campagne , pour ébranler la
conftance de fes nouueaux Athletes,
que le zele, plutoft que l'experience
auoit engagé à ce combat. Vous euf-
fiez dit que tout l'Enfer euaporoit fes
fumées fur les ondes, & que les De-
mons tenoient le lieu des Monftres
Marins & des poiffons , pour remplir
la mer d'vne baue enragée ; quand
l'orage & la tempefte fe fouleuerent
auec tant d'efforts & d'impetuofité ,
qu'il fembloit n'y auoir rien de plus
infaillible qu'vn naufrage affeuré &
inéuitable. Les Matelots trauailloient
fuiuant leur pratique ; mais ceux qui
fortoient franchement de l'Academie
de Pieté , & fe conferuoient en vne
religieufe recollection , eurent re-

cours au vray Dieu , à qui les vents,
la mer, les foudres, les orages & les
tempeſtes doiuent toute ſubmiſſion
par vne puiſſance obedientielle , &
entremettans (pour mieux faciliter
l'enterinement de leur Requeſte, au
Parquet de la Diuine Majeſté) la Mere
de miſericorde, eurent dés le lendemain iour de Paſques fleurie vne mer
calme , & vn temps fauorable pour
exercer leur deuotion ſelon la ſolem-
nité des Chreſtiens en ce iour ; qui
continua iuſques au Samedy 4. iour
d'Auril, que le ſuperbe & indompta-
ble Prince des tenebres fit vn ſecond
effort pour perdre , non point par naufrage, ce vaiſſeau deſtiné à la Redemption ; mais de faire captifs ceux qui
cherchoient la qualité de Redempteurs. Ainſi il ſe confedera auec des
Corſaires ſortis de Salé , dont deux
furent apperceus ledit iour de Samedy au ſoir, & le lendemain dés la poin-
te du iour vn troiſiéme, de grandeur
formidable , commença de donner
chaſſe à pleines voiles.

Outre le deuoir Chreſtien en ce

iour de Paſques, la peur (dont on ne peut garentir perſonne) preſſa vn chacun de penſer ſerieuſément à ſon ſalut, les Religieux donnerent l'exemple, & attirerent les autres à vne ſpeciale deuotion, qui dura autant de temps que l'ennemy demeura en chaſſe qui fut iuſqu'à nuict clauſe, s'eſtant veus (humainement parlant) hors de puiſſance d'éuiter la captiuité, & la fureur de ces Barbares, ils ſe voüerent à Noſtre Dame du Remede, autrement de Deliurance, auec promeſſe de luy rendre leurs hommages en action de graces, au premier lieu conſacré à ſa Deuotion ; deſlors par vn ſignalé Miracle, ils ſe virent ſecourus ; Le vaiſſeau eſtoit hors de ſa route, coſtoyant l'Iſle de Fedale, la ville d'Anafée (deſertée par les Fourmis & Sauterelles) tirant droit à Azamor, vn nuage eſpais ſe forma & couurit ſi fortement le vaiſſeau, que le Corſaire à la portée du fuzil ou mouſquet, ne le peut apperceuoir, tirant en pleine mer, & ſe perdant à la route de Mazagan. Les autres retournans en droite
ligne,

ligne, prirent leur chemin auec joye vers Salé, où ils arriuerent en rade le Mardy 7. d'Auril sur les quatre heures apres midy, où ils apprirent que le vaisseau Corsaire estoit vne Pinque de vingt piece de Canon, & cent cinquante hommes d'armes. Arriua auec eux en ladite rade autre Corsaire auec vne prise d'Anglois, qu'il fit passer la Barre, pour la mettre sous le Chasteau en azile de toute seureté. Le Chasteau estant salué de cinq coups de Canon, le Commis des Marchands de la Rochelle venu auec lesdits Redempteurs, alla en terre auec la Chalouppe, se mettant en tres-grand hazard (la Barre estant tres-fascheuse pour l'entrée de la Riuiere en la mer) & le vaisseau restant trop long-temps sans receuoir de luy aucune nouuelle. Lesdits Peres se firent conduire par vn autre endroit, non moins perilleux, & prirent terre l'vnziéme pour ne perdre l'occasion de celebrer le lendemain iour de Quasimodo.

Iob en ses plus serieuses Refleﬔions, dit auoir découuert sur les

Frontiere de l'autre Monde, vne terre Barbaresque, pleine de miseres,
pleine de tenebres, & en laquelle
abonde toutes sortes de mal-heurs;
parce que c'est vn Royaume de tyran-
nie & de malediction où tout est en
desarroy, où il n'y a que confusion &
& vn estrange desordre, que nous pouuons entendre de cette abysme dont
parle Isaye, qui est vne obscure pri-
son, où sont enclos & detenus captifs
& prisonniers vn nombre infiny de
miserables infortunez, sans asseuran-
ce de rachapt. Tel est l'Empire des
Musulmans, ou de ceux qui ne croyent
qu'en Mahomet, comme sont la plus
grande partie des terres Orientales &
Meridionales; mais particulierement
la terre des Mores, vraye Maison du
Diable, où les hommes confirmez en
rage & fureur contre le sainct Nom
de I E S V S, ont sa Loy & sa Croix
en vne detestable abomination. Et
par ce seul motif exercent toutes les
cruautez imaginables sur les Chrestiens qu'ils estiment moins que des
chiens, ce qu'ils leur font experimen-

ter dés l'inftant de leur prife fur mer, les mettant à nud fous les ceps & les chaifnes, auec milles opprobres & imprecations contre-eux, & le fouuerain chef Iefus-Chrift, qui eft toûjours de la partie dans les communes miferes que fouffrent les membres de fon Corps myftique.

En trois mois & demy de fejour qu'ont fait nos Redempteurs en ces Enfers de Barbarie, ils ont veu par experience que Satan eft vn vray Singe, qui contre-faifant le perfonnage de Dieu, fe fait feruir & adorer d'vn culte vray-femblable à celuy, dont le feul vray Dieu doit eftre adoré priuatiuement à tous autres ; & à moins que de fçauoir les vrays principes de la folide & infaillible Religion, les plus fages y feroient feduits & trompez. Ce poinct eftant de tres-notable importance, donne lieu de lire l'Hiftoire de Barbarie, compofée par feu Reuerend Pere Frere Pierre Dan, Bachelier en Theologie de la Faculté de Paris, imprimée à Paris chez Rocollet, apres fon retour de la Redem-

ption en 1635. où l'on verra exactement remarqué les choses plus cu-
rieuses de cette Religion , des Musulmans ou resignez en Dieu ; comme de
leurs Prieres , de la façon de frequen-
ter leurs Mosquées , auec quel respect
ils s'y comportent , leurs Ieusnes,
leurs Aumosnes, façon d'enseuelir &
enterrer les morts , la creance qu'ils
ont de la Religion , & des frequentes
Prieres qu'ils font pour les morts ,
auec l'honneur qu'ils portent à ceux
qu'ils estiment Saincts , les Vœux
qu'ils rendent aux Mosquées dediées
à leur nom , ou lieu de leurs Sepul-
tures , & tout ce qu'on peut attendre
de curieux sur cette matiere.

Ils ont aussi obserué que les Turcs
& les Mores ne sont pas les seuls Ty-
rans des pauures Chrestiens Esclaues;
mais qu'il y a des Antropophages
Chrestiens , qui sous couleur du tra-
fic sçauent déguiser leurs saulces pour
mieux sauourer la substance, & boire
le sang de ces pauures crucifiez ; qui
ont beaucoup plus de lieu de s'écrier
contr'eux, que ne fit iamais Iob con-

tre ceux qui feignoient eſtre du nombre de ſes amis , *Quare perſequimini me
ſint Deus , & carnibus meis ſaturamini?*
Nos Redempteurs ont eu aſſez de zele pour vouloir remedier à tels deſor-
dres ; mais c'eſt vn fait d'authorité qui
regarde la Religion du Magiſtrat , auquel les Chreſtiens racheptez, ſe pour-
ront adreſſer au bien & ſoulagement
de ceux qui reſtent dans la captiuité.

Il ne s'agit pas au fait de la Redemption de rompre des chaiſnes ſim-
plement , & faire ouuerture des pri-
ſons, il faut captiuer le Souuerain Do-
minant , & le faire conſentir qu'on ne-
gocie le rachapt en l'eſtenduë de ſes
Terres , autrement ce ſeroit auoir
trauaillé inutilement, que d'auoir tra-
uerſé les mers. Ainſi nos Redempteurs accompagnez de pluſieurs Marchands François , furent faire la reue-
rence & leurs preſents à l'Illuſtriſſi-
me Cidi Abdala, fils aiſné de Mahamad Hach Bembobuquer ſouuerain ; Aujourd'huy (ſous le nom de
Sainct) du Royaume de Fez , dans

l'Empîre de Maroque , duquel ils receurent vn fauorable accueil , ce Prince leur donna Audiance (affis fur vne peau de Mouton entre-deux treteaux, couuert d'vn Auuant de planche de Sapin, qui faifoient fon Trofne & fon Daix) auec la faculté de negocier au terme de leur Miffion, les affeurant de fa protection.

Cidizay Genoüy Gouuerneur de Salé le Vieil , qu'ils appellent de l'autre-bande , à caufe de la feparation que fait la Riuiere d'auec ledit Salé le Chafteau , honora lefdits Redempteurs de fa vifite le 18. du mefme mois , leur reïtera les affeurances de toute protection , & laiffa vn Garde More pour les accompagner en tous lieux. Le lendemain en compagnie des Officiers du Prince, ils conclurent du prix des Efclaues pauures & fans office à certaine fomme , laiffant aufdits Peres d'auoir ceux qui auroient offices feruans aux vaiffeaux, comme ils pourroient de leurs Patrons; & déslors ils affeurerét auec ledit fieur Gouuerneur la liberté de ceux qu'il poffedoit ou estoient en course dans ses Fregates, dont deux sont decedez, du depuis estans au compte des Redempteurs : sçauoir Gilles de la Ruë Maistre Tonnelier, & payé cent cinquante Ducats, du lieu de Grandvile Euesché de Coutance ; & Pierre le Prince de Cancal Euesché de Sainct Malo, apres sa liberté acquise, auant que la fregate moüillast l'Anchre à la rade dudit Salé.

L'esprit ennemy des bons succez de nos Redempteurs, leur donna sur la teste vn estrange coup de massuë, faisant trophée de ses Victoires, par le moyen des prises Chrestiennes qui venoient frequemment surgir à ce Havre de malediction, ayant ainsi butiné dix personnes pour vne, qu'auec peine & sueurs ils racheptoient sur la terre. La ferueur de leurs charitables affections, estoit comme vn glaiue trenchant qui outroit leurs pauures ames, se voyant témoins oculaires des tourmens & cruautez, qu'on exerçoit sur ces Innocentes victimes, qui ne furent pas si-tost sortis des vaisseaux, qu'on ne

leur fit refpirer l'air infect des cachots
d'vne Maffemore, lieu obfcur & fou-
fterrain , qui eft vn cloaque de tous
genres d'infections , ils y entrent
chargez de fers , de chaifnes & de
coups, y viuent d'vn pain plus noir &
infipide que la fuif de cheminée , à
quelques iours de là , on les tire pour
les produire en vante au Fondac lieu
public , qu'on appelloit autresfois
Amphiteatre ; mais qui a la forme car-
rée , comme vn Cloiftre à la Mona-
chale ; Là font affis par terre les prin-
cipaux en Couronne , & autour d'eux
font les Iuifs & la populace , chaque
Efclaue en particulier eft pourmené
& crié au plus offrant & dernier en-
cherifleur ; fans diftinction de fexe,
on manie à nud, on regarde aux dents,
on reconnoift l'âge & la vigueur
d'vn chacun, & celuy à qui l'Efclaue eft adjugé , *Acquirit ius vitæ &*
necis fuper eum , il obtient vne telle
proprieté fur luy qu'il le peut forcer
à des infames proftitutions, ou bien
le faire mourir. Nos Redempteurs
ont veu femblables vantes, les 14.
d'Auril,

d'Auril, 5. & 25. de May , auec vne
douleur telle que leur profession peut
faire iuger. Mais elle leur fut beaucoup plus cuifante. Le 17. de Iuin
par vne prife de trente mille Ducats,
faite fur les Portugais, où eftoient
trente-cinq perfonnes , & entr'autres vn ieune Religieux Recolet venu
des Indes , pour prendre les Ordres
facrez à Lifbonne. Les Iuifs à cette
vente , reueillerent leur vieille paffion conceuë contre le Corps Myftique du Chef qu'ils ont crucifié , &
mettant l'enchere fur ce pauure Religieux;enfin vn de leurs Rabbins nómé
Mayor Coing l'emporta à deux cens
cinquante Ducats , dont il conceut
vne joye fi extraordinaire , que ne la
pouuant contenir : Il s'écria que cét
Efclaue ne fortiroit de fes mains pour
moins de mil Ducats à l'argent com-
ptant; defia il projettoit d'en faire la
curée de fa paffion, fi vne fiévre chau-
de n'euft faifi le corps , & donné la
peur au Iuif de perdre fon argent.

Par vn contre-coup d'adreffe , nos
Redempteurs s'efforcerent de fléchir

le Ciel par toutes sortes de bonnes
œuures & actes d'vne vertu heroïque,
qui les faifoit l'odeur fuaue, & doux
flairant de noftre Chriftianifme aux
Payens, aux Iuifs & à toutes autres
Nations, qui trafiquent auec les Mores. Les Feftes & les Dimanches, tous
les Chreftiens, tant libres qu'Efclaues, auoient Predications & Exhor-
tations en la Chapelle Confulaire ; à
l'iffuë de la Meffe principale on faifoit
Prieres publiques, pour la profperité
du Roy Tres-Chreftien, que les Mores & les Turcs eftiment felon leurs
vieilles Propheties & communes tra-
ditions deuoir clorre les Croiffans
des Othomans, extirper la fauffe Religion de Mahomet, & arborer par toutes leurs terres l'Eftédart de la Croix.

Les Sainéts Peres qui ont dit que
les infpirations fecrettes eftoient
ces eftoilles Myftiques, appellez an-
ciennement les yeux de la Diuinité,
qui manifeftent aux hommes les cho-
fes les plus fecrettes & occultes, fem-
blent auoir eu iufte raifon ; Car hors
ce moyen d'vne diuine irradiation, nos

Redempteurs ne pouuoient sçauoir
determinément l'heure & le temps auquel le Roy fut Sacré en France, &
mettre comme ils ont mis par vne mutuelle correspondance du temps, les
Armes de France en haut relief au lo-
gis du sieur Parassol, exerçant le Con-
sulat, en la Chapelle nouuellement
erigée audit lieu de Salé en Barbarie,
au mois de Iuin apres la Feste Dieu;
qui estendra nos Fleurs de Lys plus
loin que la France, pour faire porter
à iuste tiltre, le Nom Auguste d'Empereur à celuy que nous pouuons dire
vray Dieu-Donné, entre tous les Ce-
sars de la terre habitable.

Auec ces marques de Pieté à Dieu,
& d'vne zelée fidelité au Roy & à son
Estat; ils pratiquerent enuers le pro-
chain toute la charité imaginable,
ayant dressé vne forme d'Hospital ou
Maison de Charité, où les pauures
Chrestiens estoient subuenus, & les
Esclaues racheptez, nourris & heber-
gez spirituellement & corporelle-
ment; iournellement ils estoient à la
Messe & aux Exercices spirituels, le

surplus se peut conceuoir de la Missi-
ue d'vn Pere Minime, dont la teneur
suit.

Reuerendis ac dilectis in Christo Patribus,
Redemptoribus Gallicis salutem in Domino, in
domum Consulis Galliæ in Ciuitate Salé. Re-
uerendi admodum Patres Redemptores Spi-
ritus sancti gratia illuminet sensus & corda
nostra, de vestrarum paternitatum aduentu
lætatus sum valdè, eo quod cum salute com-
pleta adueniſetis, Deus Optimus Maximus.
Eam conseruet vt in tam pio quam onerofo
exercitio Maiestati suæ seruiatis, lætifican-
do afflictos visitando infirmos, corroborando
debiles, succurrendo miseris, ac redimendo
captiuos. Si longum iter, longos labores gi-
gnit, & ad mensuram laborum præmium
offertur à Deo, illatio & consequentia eui-
denter demonstrat, quantum habeatis ius ad
æternæ gloriæ possessionem, vbi Iesu Christi
societate laborum vestrorum fructum colli-
getis. In nomine tanti Domini obsecro &
humiliter precor, vt ad pondus pœnarum
mearum, mentis oculos accommodetis per
duodecim annos en ergastulo huius Ciuita-
tis crudeliter oppressus labore, fame, nudi-
tate despectione & catenis afflictus; qua

de causa vt Elyseus ad Elyam ad vestras paternitates accedo, non currum sed pallium peto, hoc est, non libertatem, quia non sum gallus, sed pietatem quia pauper sum. Non taliter vt vestris deficiat, s[.]d itavt mihi aliquantulum sufficiat ad emendum per aliquos dies triticeum alimentum quod pro nunc mihi deest. Per manum domini Petri Citrani ad meam veniet tam piam quam præmio dignam Eleemosinam confido quod quia religiosi estis huius pauperis religiosi compaßionem habeatis. Mihi succurrite, Deo complacete præmium de manu domini promitto, dum pro vestrarum paternitatum salute omnipotentem precor, valete, ex ergastulo ciuitatis de Tetouan, vndecima May 1654. vestrarum parternitatum humilis filius qui vestras osculat manus F. Blastus de Pinna Ordinis Minimorum Sancti Francisci de Paula.

Aux Reuerends Peres Redempteurs de France en la Maison du Consul des François à Salé. Mes tres-Reuerends Peres, la grace du S. Esprit nous illumine tous, ie vous asseure que vostre arriuée en parfaite santé, m'a fort resiouy, & prie Dieu par sa

Diuine misericorde vous la daigner
conseruer, afin qu'à souhait vous puis-
siez vacquer & agir en vn œuure si pe-
nible & de si eminente Pieté, donnant
joye aux affligez, visitant les infirmes
& malades, corroborant les foibles
& debiles, subuenant aux miserables,
& racheptant les Captifs. Si vn long
chemin cause de grands trauaux,
vous en inferez vostre consolation;
parce que Dieu qui donne ses recom-
penses au prix des fatigues, vous con-
cedera par droit & equité de sa Iusti-
ce son Eternité bien-heureuse, pour
mener vos Triomphes joints à ceux
du Souuerain Redempteur IESVS-
CHRIST. Au Nom de qui ie vous
conjure, & prie tres-humblement de
jetter les yeux de vostre religieuse
commiseration, sur l'abondance des
maux que ie souffre depuis douze ans
dans cette miserable captiuité, sous
les oppressions de la faim, de la nudi-
té, du trauail, & d'vn continuel mé-
pris surchargé de fers & de chaisnes.
Cette extremité me fait recourir à
vous, comme fit Elisée au Prophete

Elie , sans pretendre toutesfois le Chariot Triomphant de voftre Redemption , parce que ie ne suis nay subjet de la Couronne de France ; mais requerant l'ombre simplemét du Manteau de vos charitables affiftances, puis que ie suis pauure, & encores ie ne demande pas cette Pieté telle que pour moy les voftres manquent au befoin ; mais pour me subuenir à auoir vn peu de pain, qui me defaut dans la commune fterilité du pays ; voftre Aumofne me pourra eftre deliurée par Mr Pierre Citrany , me confiant que noftre mutuelle profeffion religieufe , vous donnera cœur de penfer à moy & me subuenir, faites-le de grace , & efperez de Dieu les infaillibles recompenfes. Adieu, mes Reuerends Peres , ie suis de vos Paternitez le tres-humble Fils , qui vous baife les mains, F. Blaife de Pinna, de l'Ordre des Minimes de Sainct François de Paule. De la prifon de Tetouan, le vnziéme May 1654.

. La plus puiffante infortune de ce pauure Religieux confifte en ce que le Roy d'Espagne detient vn More natif de Salé, en ses Galeres, qu'on veut auoir auparauant que de traitter de son élargissement, pour lequel auec ledit More Galerien, on demande encores huict cens Ducats, qui furent offerts par les Religieux de la Trinité des Prouinces d'Espagne, qui firent Redemption audit Tetouan, sur la fin de l'an 1653. De là se void la difficulté de negotier auec le Gouuerneur de ce lieu, pour la Redemption des Chrestiens, se rendant tres-difficile pour ne pas dire du tout inflexible aux clameurs de ces pauures Victimes ; Celuy qui est aujourd'huy se pare d'vne specieuse raison, que les Esclaues appartiennent aux femmes & enfans de feu son Oncle & predecesseur en ladite charge ; mais le mal procede de son auarice, & de ce qu'il veut butiner sur le sang des Chrestiens. Quoy que lesdits Redempteurs eussent fait accompagner leurs Ordres des Lettres de puissantes recommandations, il n'a voulu fléchir pour aucun, si on ne les prenoit tous

qui

qui font au nombre de trente-cinq, la plufpart du Havre de Grace, comme on verra par le Catalogue cy-apres. On ne pût rien faire comme pourra témoigner Thomas Rebut du Havre de Grace, racheptè apres eftre vendu de Tetouan à Fez , & enuoyé finalement à Salé , pour eftre reuendu; Noel Maffelin eftoit auffi racheptè par fecrette intelligence & partie de fa rançon payée , mais Dieu l'a deliuré de captiuité du corps & de l'ame, le retirant à foy , apres le traitté fait auec le nommé Pariente Iuif, refidant audit Tetouan. Enfin apres auoir beaucoup peiné & trauaillé à acquerir la liberté de quarante-trois Captifs , ils prirent refolution de faire voile le vingtiéme de Iuillet iour de fainée Marguerite ; & en ce mefme iour , ils virent vendre vn venerable Vieillard, fa femme , vn icune garçon, deux petites filles, & vne ieune femme mariée depuis trois mois, qui eftoit toute vne famille & mefme maifon, qu'vn Brigantin de Tetouan auoit furpris és coftes de Portugal.

D

Ce spectacle, & cette dure separation
de femme d'auec son mary , d'enfans d'auec leurs pere & mere , dé-
chirerent leurs entrailles de commiseration , & leur fit treuuer extremé-
ment doux de se liurer aux ondes
pour fuir les abominations de ce cen-
tre de toutes cruautez. Entre les racheptez aucuns venoient fraische-
ment d'Alger , qui donnerent aduis
que quatorze vaisseaux estoient sortis la bouche du destroit , & tenoient
les costes , ce qui obligea le vaisseau
faisant voile de s'écarter en pleine
mer aux hauteurs des Isles de Madere & des Essors.

Iamais on n'a veu nauigation plus
trauersée & plus dépourueuë d'assi-
stance & de secours humain , que celle de cette Redemption qui deuoit
mille fois perir , & estre la proye de
dix-sept Corsaires , qui luy ont donné chasse au retour , sans vne specia-
le grace du Ciel , qui s'est manife-
stée , lors que tout sembloit humainement desesperé. Les premiers pa-
rurent le deuxiéme d'Aoust apres

midy vers les Isles de Madere, apres
vn temps pluuieux & orageux, qui
ne menassoit rien moins que de mettre les voiles en pieces, rompre les
mast, & abysmer le vaisseau au milieu des ondes, qui le remplissoient
de toutes parts, deux autres formi-
dables, pour leur grandeur, aug-
menterent la terreur le cinquiéme
du mesme mois, & lors qu'on se pre-
sumoit parer contre-eux par vne prudente fuitte, on se treuua renfermez
entre-eux, & deux autres, qui furent tous iugez auec la longue veuë
estre vaisseaux ennemis, qui s'ef-
forçoient en vain de courir sur celuy
de la Redemption ; parce que Dieu,
qui sceut tres-sagement sauuer par
le milieu des ondes de la mer Rouge les enfans d'Israël, tira nos Chrestiens puissamment hors ce peril éui-
dent par les instantes Prieres de la
sacrée Vierge Marie.

Ces rencontre ne furent toutesfois rien en comparaison de ce
qui commença le Vendredy septié-
me d'Aoust, par deux Fregates de

monstrueuse grosseur, & a continué
iusqu'à cinq vaisseaux joints & vnis,
sous mesmes Pauillons qui ont pous-
sé leur chasse iusques au Cap d'Or-
tiguieres ; où particulierement fut
promis de reconnestre la Vierge,
apres Dieu estre l'vnique cause de
l'heureux succez de cette Redemption , qui ne se pouuoit parer ny échapper , sans vne assistan-
ce du Ciel. Ce qui restera aisé à
croire quand on sçaura que le vaisseau de la Neptune , autrement de
la Redemption , n'estoit que du port
de quatre-vingts tonneaux , muny
de six petites pieces de Canon , &
douze simples Mousquetons auec
quelques Piques . & la pluspart des
hommes estoient   apables de com-
battre dans les occasions pour leurs
infirmitez , & maladies suruenuës
apres leur rachapt. Et le moindre
Vaisseau des Corsaires estoit au con-
traire de vingt-deux pieces de Canon , auec gens aguerris , & muni-
tionnez de toutes parts , qui par vn
motif de profit s'animoient à la Con-

queſte de ce qui leur manqua à la
venë des terres de France, où pluſieurs Vaiſſeaux bien armez en la Riuiere de Suedre, leur donnerent la
peur, & aux autres les moyens de
gagner l'Iſle d'Olleron, qui fut le douziéme iour d'Aouſt ; d'où nos Redempteurs, prirent reſolution de ſe
faire mener en leur Chaloupe à terre pour ſauuer par leur prudente pre-
uoyance leurs racheptez des mains
de pluſieurs Commiſſaires qui faiſoient leuée de Gens de guerre, és
enuirons de la Rochelle, où ils arriuerent le douziéme du courant, &
donnerent les ordres neceſſaires à la
ceremonie ſuiuante qui fait le triom-
phe premier de leur Victoire.

Le iour de l'Aſſomption fut celuy
du ſouuerain bon-heur de ces pauures Fortunez, qui ſortans du Vaiſſeau en terre Chreſtienne, la baiſe-
rent d'vne façon ſi agreable, qu'ils
tiroient les larmes des ſpectacteurs.
En l'abſence de Monſeigneur l'Illu-
ſtriſſime Eueſque de la Rochelle, le
Reuerend Pere Iean Chupin Preſtre
de l'Oratoire, & Curé de S. Barthel-

my les receut à la Chaisne auec l'eau
beniste , & les mena processionclle-
ment en l'Eglise dediée à Dieu, sous
l'inuocatió du Bien-heureux S.Louys,
ou fut celebrée la Messe solemnellement, & la Predication faite par le Reuerend Pere Anroux, ladite Ceremonie acheuée, ils furent conduits pour
le disner au Conuent & Hospital de
S. Barthelmy, qui est fort celebre, tant
à cause du bel ordre qui s'y obserue
par les Religieux de l'Ordre de la Charité, qui y sont establis par le feu Roy
d'heureuse memoire, lors de la redu-
ction de ladite Ville à son obeyssance,
qui fut en l'année 1628. qu'à raison de
son antiquité, & de la fondation d'ice-
luy faite par vn Bourgeois nommé
Alexandre Aufray l'an 1203. lequel
ayant mis tous ses biens en sept Vaisseaux équipez , & enuoyez outre-mer
en pays lointains, dont il n'eut aucune
nouuelle pendant 4. années entieres,
ce qui le mit à la besace sans receuoir
soulagement d'aucuns de ses parens &
alliez , quoy que sa femme & luy man-
diassent leur pain,au bout de 7.ans les
vaisseaux arriuerent chargez de rares

marchandifes, qu'ils dedierent à Dieu
pour le foulagement des pauures, fon-
derent ledit Hofpital, y fejournerent
& feruirent les malades iufqu'en 1215.
que ledit Aufray & Pernelle fa femme
decederent ; les vieilles Chartes dudit
Hofpital iuftifient que Meffieurs de
Ville en auoient l'adminiftration , &
eftoient tous Catholiques Romains
iufqu'en 1560. qui fut l'année peftife-
re, que les Proteftans s'en emparerét;
& par des violences inoüyes , chaffe-
rent les Preftres, vendirent les Vafes
facrez, & par voye de faict, s'en rendirent les Maiftres iufqu'à ladite année
1628. depuis laquelle on a veu refleu-
rir cét Hofpital en Charité & repren-
dre fa premiere fplendeur par ces bons
Religieux, qui outre leur employ ordinaire enuers leurs pauures malades, ne
voulurent laiffer paffer cette occafion
de cooperer auec le Souuerain Redempteur à fubuenir à ceux qui fortoient
de captiuité, les hebergeant & feruant
d'vn efprit digne de leur religieufe profeffion tout ledit iour iufqu'au lendemain Dimanche, qu'ils prirent la route de Luçon, & y arriuerent le Lundy

où ils furent honorablement receus &
traittez par Monseigneur l'Illustrissime
Euesque dudit lieu, d'où ils tirerent
droit à Nantes, ville où il semble que
la Prouidence auoit preordóné la plus
haute pompe des Triomphes du Redempteur en ces pauures racheptez,
chacun y cooperant & trauaillant à
à l'enuy les vns des autres. L'vn des Redempteurs deuança la trouppe, & fut
pour receuoir les ordres de Monseigneur l'Illustrissime Euesque, ou de
M^r son Grand Vicaire, auec Messieurs
de l'Eglise dudit Nantes, en absen-
ce on delibera au Chapitre de receuoir lesdits Chrestiens Processionnel-
lement, & ledit Redempteur en donna aduis à Monseigneur le Mareschal
de la Meillerayes, qui l'eut fort agreable. Monsieur de Couprye, Chanoine, Theologal, & Grand Archidia-
cre de ladite Eglise, brûlant d'vn feu
Seraphique, donna les ordres requis
à faire subsister toute cette troupe cependant que Mr de Beau-lieu Couperye son frere Docteur de Sorbone,
Chanoine de ladite Eglise & Curé de
saincte Croix, disposa la pompe d'vne
honorable

honorable reception , qui fut faite à
la porte de la Ville par luy-mefme, af-
fifté de Monfieur le Curé de S. Saturnin, de leurs Preftres & de ceux du Seminaire de Monfeigneur l'Euefque,
faifant bien le nõbre de quatre-vingts,
qui marcherent tous proceffionnellement, conduisãs leurs honorables victimes à l'Eglife de S. Saturnin, où fe fit
la premiere paufe, delà à celle de fainte Croix , où fut expofé le S. Sacrement , & la Meffe celebrée auec toutes les folemnitez requifes , à la fin de
laquelle on fut en ordre par le milieu
de la preffe du monde qui affluoit de
toutes parts en l'Eglife Cathedrale,
où Meffieurs eftoient attendans ladite
Proceffion : Ils defcendirent tous de
leur Chœur auec la Croix & les cier-
ges allumez en la Nef, l'orgue fonnan-
te , chacun s'eftant mis dans vn ordre
decent à la ceremonie , le *Te Deum*
fut chanté en mufique auec les magni-
ficences qu'on eut pû rendre à Iefus-
Chrift , fi perfonnellement il y eut
triomphé, comme il le faifoit és membres de fon Corps myftique ; La cere-

monie faite, ledit Sieur Archidiacré
vaincu par lefdits Peres Chartreux,
les mena prendre leur refection par le
Faux-bourg de S. Clement audit Conuent des Chartreux, où ils furent receus d'vne grace digne & conuenable
à des hommes dont la conuerfation eft
toute celefte. Monfieur Sanguin In-
tendant general de Monfeigneur le
Mareschal eftoit en perfonne faifant la
cuifine & difpofant le difner, il les fer-
uit à table auec Monfieur Couperye,
vn Maiftre des Comptes ; Les Reuerends Peres Dom Prieur & Dom Pro-
cureur, deux Peres Iefuites qui alloient à la Chine & plufieurs autres no-
tables Gentils hommes & Bourgeois.
De cette affiftáce on peut iuger comme
les pauures furent regalez, & quelle
ioye retontiffoit de ce facré Seminaire
des vertus, iufques dans le Ciel. Apres
le repas, ils receurent tous quelques
liberalitez par les mains du Reuerend
Dom Prieur, & furent conduits à
Barbin par mondit Sieur l'Archidia-
cre, qui leur donna à fouper, loüa vn
Vaiffeau & les fit embarquer iufquesà

Nort pour gagner Chasteaubriant le
Dimanche vingt-rroisiesme d'Aoust;
Mais Madame la Presidente de la Co-
querie ayant sceu qu'ils prenoient cette route , fit prier le Reuerend Pere
Heron, Ministre Superieur dudit Chasteaubriant , de l'honorer de sa visite,
& qu'elle vouloit traiter toute sa suite:
ce qui luy fut accordé , & les regala
ledit iour de Dimanche. Le lendemain
au matin , iour de S. Barthelemy , ils
se rendirent de la Cocquerie au Faux-
bourg de la Barre , où ils furent receus
par Messire Iean le Noir , Recteur &
Doyen de S. Iean Deberé , assisté de
quelques Prestres qui les mena proces-
sionnellement au Conuent dudit Ordre , où ils estoient attendus par Messieurs les Prieur & Religieux Deberé,
Monsieur le Reuerend Pere François
le Febves , Ministre de Beauuoir sur
mer , & les Religieux dudit Conuent
de la Trinité reuestus en Chappe à la
porte de leur Eglise , où la Predication
fut faite d'vne éloquence admirable
par ledit Sieur Doyen sur trois sortes
de captiuitez, dont il monstroit que les

Religieux de cét Ordre retiroient les Chreſtiens qu'ils faiſoient triompher ſur leur retour de Barbarie, donnant des Eloges à cét Ordre ſur la pratique de ſa charité, qui ne luy pouuoient venir que des ſecrettes inſpirations de Dieu, qui l'a diuinement inſtitué.

Monſieur de la Garenne, Conſeiller au Parlement, & Madame ſon eſpouſe, enuoyerent audit Conuent les marques de leur pieté, felicitant cette heureuſe arriuée, & s'y rendirent le Mercredy pour honorer Ieſus-Chriſt en ſes membres. Le Reuerend Pere Miniſtre fit rafraiſchir en ſon Conuent toute ſa cõqueſte l'eſpace de trois iours, où il les traita d'vne maniere extraordinairement bonne, auec vn cœur vrayment paternel & amoureux, puis les mena marchant touſiours à pied auec eux, en la ville d'Angers. La pieté ſinguliere de Monſieur René Chaſton, Chãtre & Chanoine en l'Egliſe Royalle & Collegiale de ſainct Laud lez Angers, Commiſſaire pour la Redemption des Captifs, fit preuue des deux excez de ſon zele, ayant diſpoſé vne proceſſion auec des Anges richement parez, qui vindrent au deuant defdits Captifs, pour marcher en l'ordre qui leur fut donné en l'Eglife des Dames Religieufes du Caluaire. L'atteftation de Monfeigneur Arnaud Euefque dudit Angers, donnera affez à connoiftre quelle fut cette entrée & reception qu'il honora de fa prefence , & Meffieurs les Doyen & Chanoines tant de S. Laud que S. Martin , traiterent à l'iffuë de la ceremonie la troupe, & les feruirent à table à l'édification des Eftrangers paffans, qui les honorerent de leurs vifites, les Anges eftoient tous enfans de condition & marchoient fous l'eftendart de la Croix ou Guidon de la Redemption , porté par vn des fils de Mᶜ Lafnier Confeiller d'Eftat,& cy-deuãt Ambaffadeur pour le Roy en Portugal.

HENRY par la mifericorde de Dieu & par la grace du S. Siege Apoftolique, Euefque d'Angers: Sçauoir faifons. Que ce iourd'huy trentiefme iour d'Aouft 1654.les Peres Nazare Anroux & Iean Heron, Religieux & Commiffaires de l'Ordre de la Trinité pour la Redemption des Captifs, font arriuez en cette ville d'Angers auec les Chreftiens qu'ils ont deliurez des Infideles, lefquels furent amenez proceffionnellement par les Chapitres Royaux de S. Laud lez Angers & S. Martin de l'Eglife des Religieufes du Caluaire à celle dudit S. Laud, où nous affiftames à la prædication, faite par ledit Pere Anroux au *TeDeum* qui y fut chanté folemnellement, apres lequel nous donnafmes la benediction generalle, la ceremonie cy-deffus ayant efté celebrée par le concours de la plus grande partie du peuple de cette Ville. En teſmoignage dequoy Nous auons figné les prefentes de noftre main, fait appofer le feel de nos Armes, & contrefigner à noftre Secretaire, ce trentevniefme defdits mois & an que deffus; Henry Euefque d'Angers, & plus bas par le commandement de Monfeigneur l'Illuftriffime & Reuerendiffime Euefque d'Angers, Mufart, & feellée du cachet des armes de mondit Seigneur. Les Dames Religieufes de la

Visitation, bruslantes de l'amour diuin,
voulurent ioindre leur concert à cette douce harmonie, faisant entrer en
leur Eglise cette Procession qu'elles
receurent auec vne musique, qui sembloit plustost prouenir du Ciel que de
voix humaines; Elles participerent aux
merites de cette Redemption par leurs
charitables assistances, comme fit pa-
reillement Madame Dupuy, Abbesse
du celebre Monastere de Nostre-Dame du Ronceray, auec sa noble compagnie des Dames Religieuses, où ses
Captifs furent le Lundy honorablement accueillis; D'Angers on croyoit
entrer en la ville du Mans, mais l'absen-
ce de Monseigneur l'Euesque donna
lieu de passer droict à Mortagne au
Perche, pour rendre les deuoirs deubs
à Monsieur le Reuerend Pere Michel
François Ministre Superieur du Conuent de cét Ordre, vray Pere & zela-
teur de ladite Redemption des Captifs, à laquelle il fut enuoyé en l'an
1635. Ce fut en ce lieu que la ferueur
se redoubla dans les noueaux hon-
neurs dressés aux Captifs & à leurs

Redempteurs , qui arriuerent audit Mortagne, le Samedy cinquiefme Septembre , & furent receus en l'Eglife des Reuerends Peres Capucins où fe forma la Proceffion, cependant que le Reuerend Pere Alphonfe d'Alençon fit vne fuccinte exhortation fur l'excellence de la liberté acquife. La mufique & le Clergé fe rendirent auec ledit Reuerend Pere Miniftre & fes Religieux en ladite Eglife , où l'on chanta vn motet , puis en ordre de Proceffion generale , les Reuerends Peres Capucins marchands en tefte on fut chanter le *Te Deum* audit Conuent de la Trinité, & le lendemain la Proceffion paffa dudit Conuent à Noftre-Dame , & de là en l'Eglife Collegiale de Touffains, où la Predication fut faite par ledit Pere Anroux ; Pendant ledit feiour les Captifs furent traittés & confolés de ce Reuerend Pere Miniftre comme fes propres enfans, auec des tendreffes & des reffentimens dignes d'vn Redempteur les honnorans de fa benediction. Ils font venus de Mortagne à Paris, où les ordres de la
Proceffion

Proceſſion & de leur reception n'eſtant donnés qu'au Dimanche 13. du courant, ils ont tardé aux fauxbourgs iuſqu'audit iour qu'ils ſe rendirent au Conuent des Reuerends Peres Capucins, qui par diuerſes inſtances demanderent cette grace au Reuerendiſſime Pere General dudit Ordre de la Trinité.

Paris comme la plus floriſſante ville de tout noſtre Chriſtianiſme auculte, & en la l'ieté du vray Dieu qu'elle adore en eſprit & verité; voulant ſurmonter toutes les autres de ce Royaume aux marques de ſes triomphantes ſubmiſſions à receuoir Iesvs-Christ ſortant d'vne nouuelle Captiuité, par les membres viuans de ſon Corps myſtique, ſa pompe commença au celebre Conuent des Reuerends Peres Celeſtins prés l'Arſenac, où vn grand nombre des Freres de Noſtre-Dame de bonne Deliurance en aubes & nuds pieds, ſe rencontrerent à heure deſtinée; Cinquantes jeunes enfans des meilleures familles de Paris reueſtus en Anges, mais ſi richement & auan-

F

tageusement ornés , que l'abondance
des diamans qu'ils portoient euſſent
eu aſſés de lumiere dans la plus obſcu-
re nuit , pour ſeruir de flambeaux à la
conduitte de cette magnifique Pro-
ſeſſion. Des Dames de toutes eminen-
tes conditions y dreſſerent le bel ordre entr'eux , & les Captifs arriuez ,
changerent leurs chaiſnes de Captiuité en liens d'vn amour cordial enuers
celuy qui nous a merité la liberté de
grace & de gloire , donnant à chaque
Ange de groſſes chaiſnes d'or ou d'argent , auec leſquelles dans la forme
que parut l'Ange du tres-haut au iour
de l'Inuention de cet Ordre ſacré , tous
marcherent Proceſſionellement dudit
Conuent iuſqu'à celuy des Mathurins. Ledit iour de Dimanche 13. du
courant , les Religieux de la Trinité
eſtans arriuez reueſtus de leurs habits
ordinaires , & ſix portans chappes des
plus belles qui ſe purent rencontrer.
On fit marcher la Banniere , puis la
Croix, auec deux Ceroferaires en teſte
des quatres-vingts Confraires de Noſtre-Dame de bonne Deliurance, apres

eux marcha le Guidon des Anges, portant les marques de l'Inſtitution de cet Ordre, vne troupe des mieux parez l'accompagnant. Le premier Chœur des Religieux ſuiuant, chantoit des Hymnes & des Cantiques ſortables à cette ceremonie, auquel vn ſecond Chœur compoſé des Superieurs de diuerſes maiſons du meſme Ordre venus exprés, reſpondoit auec vne melodie & des concerts qui donnoient de la ialouſie aux Chœurs celeſtes de l'Egliſe Triomphante. Le Guidon de la Redemption deuancé de quatre ieunes enfans ſuperbement habillez & couronnez de toutes pierreries, prit rang apres les derniers Chapiers aſſiſté de huict autres qui l'enuironnoient, le tenans auec rubans entremeſlés de rouge, de bleu, & de blanc. Toute la troupe ſuiuit, conduite comme il a eſté dit par chacun de ſes Anges incarnez, les Redempteurs eſtans en queuë auec des Lauriers & des Palmes. On ſortit en cet ordre dudit Conuent des Celeſtins ; Les Archers de la Ville faiſant faire place au milieu de la foule

du peuple qui se portoit des vns aux
autres, l'orgue & les cloches sonnantes, & chacun donnant mil benedi-
ctions. On passa pardeuant sainct Paul
tout le long de la ruë de S. Anthoine,
sur le Pont de Nostre-Dame, & par la
ruë de S. Iacques on gagna droit aux
Mathurins, où la ceremonie auoit at-
tiré l'affluence du peuple & l'eloquen-
ce de Monsieur l'Allemant Recteur
tres-magnifique de la plus celebre Vni-
uersité du monde, fait venir les meil-
leurs esprits & les plus considerables
personnes de Paris de toutes conditions, pour entendre le Sermon qu'il
fit à l'issuë du *Te Deum* solemnellement
chanté. Son thesme fut digne du sujet pris de Salomon, *Sapientia non de-*
reliquit iustum venditum, sed liberauit
eum à peccatoribus ; Il est à souhaitter
que luy-mesme donne cette piece au
public, pour faire conclurre à tous les
plus experts, que personne ne peut
parler apres luy qu'auec confusion,
ayant en soy comme chef toutes les
belles parties des Orateurs de l'Vni-
uersité & Faculté mere de toutes les

autres. Le Reuerendiſſime Pere Claude Ralle General de tout l'Ordre, que la Sainteté d'Innocent x. aujourd'huy tenant le Siege Apoſtolique, dit en ſes lettres de confirmation eſtre recommandable par ſa vertu, ſon experience & ſa doctrine, eſtoit ſur l'eminente marche du maiſtre Autel reueſtu en ſurplis, auec vn eſtolle qui receut les Captifs, & leſdits Peres Redempteurs qu'il baiſa, comme dit ſainct Paul, *In oſculo ſancto*, leur donna la benediction dans les formes ordinaires.

Ladite Predication finie, on donna la benediction du tres-ſainct Sacrement, qui fut expoſé toute la iournée à cauſe des Indulgences, & les Captifs furent enſuitte menés au trauers de ce grand monde au Refectoire ou chacun les vit ſouper, ſeruir de perſonnes nobles & vertueuſes, dont l'humilité ne permet de mettre les noms en cette relation.

Le Conuent des Mathurins eſtant redeuable de ſa principale fondation au B. ſainct Louys Roy de France, à entre ſes autres obligations celle d'al-

ler solemnifer la fefte de l'Exaltation
de la Croix en la Sainte Chappelle,
Neantmoins fous le bon plaifir de
Monfeigneur l'Illuftriffime & Reuerendiffime Euefque de Coutance qui
en eft Treforier, & de Meffieurs les
Chanoines, ils s'en excuferent pour
cette fois, ayant choifi l'Eglife de S.
Iacques de la Boucherie, pour termi-
ner ledit iour de l'Exaltation de la
Croix leur ceremonie. La Proceffion
en mefme ordre que le iour precedent,
fortant des Mathurins fut par la ruë de
la Harpe droit à ladite fainte Chapelle, où ils furent receus de Mondit Seigneur de Coutance, reueftu
Pontificallement à adorer la vraye
Croix & honorés de fa benediction;
Le Chœur de Meffieurs fe ioignant à
ladite Proceffion auec la mufique, on
trauerfa toute la falle du Palais & fe fe-
parerent en la Cour, d'où la Proceffion defdits Religieux gagna S. Iacques de la Boucherie; Monfieur le
Curé attendant auec fes Preftres, & la
Croix à la porte de fon Eglife richement tapiffée & ornée de toutes parts,

l'orgue & les cloches sonnantes, ils entrerent au Chœur & chanterent la grande Messe, à laquelle Monsieur Biroat Professeur en Theologie & excellent Predicateur, manifesta sa façon de bien dire sur deux exaltations, qu'il prescha au souuerain contentement d'vn chacun, de la Croix deliurante & la Croix deliurée par le moyen de la Charité de Redemption, disant sur ce sujet ce que iamais les Peres ont exprimé de plus saint, de plus sensible, & de plus curieux, nõmement S. Cyprian. La Messe finie on receut les ordres d'entrer au Louure, où la pieté du Roy, de la Reyne, de Monseigneur le Duc d'Anjou & de son Eminence, seruirent d'exemple à tous leurs sujets, & donnerent vne nouuelle ioye à ses pauures François, qui se voioient honorés de celui auquel apres Dieu ils consacrent leurs vies & leurs fortunes, la plufpart ayans esté pris & faits esclaues, estans au seruice de sa Majesté. Les Anges considerez de toutes parts en leur ornement, & la gentilesse de leurs desmarches s'arre-

sterent aux pauses determinées, &
firent des harangues dans les rencon-
tres que le public à veu auant cette relation. Depuis le Louure par le Pont-
neuf, & la ruë de S. Iacques, on ne
peut exprimer la foule du peuple qui
estoit iusques aux Mathurins, pour
voir passer cette Procession, les fene-
stres & les boutiques estant pareille-
ment remplies des plus considerables;
Ainsi auec vn souuerain applaudisse-
ment on se rendit sur les trois heures
de releuée aux Mathurins, où la ceremonie fut consommée auec la benediction du Reuerendissime Pere General. Lesdits Captifs ont neantmoins
esté hebergés audit Conuent, iusqu'au
Mardy 15. du courant, ayant receu le
iour precedent la Saincte Communion
du Reuerendissime Pere General, il
leur a donné lettres testimoniales de
leur Redemption & Religion, auec
argent competant pour se rendre chacun chez soy, & sont sortis apres disner pleinement satisfaits, comme ils
peuuent tesmoigner en tous lieux.

Comme tous ceux qui ont esté mis

en

en liberté par le moyen desdits Peres descendus à Salé , ne sont pas venus iusques à Paris, ils ont iugé à propos d'en inserer icy le Catalogue, & des autres qui implorent la misericorde des Chrestiens , du milieu des cruautez qu'on exerce sur eux en l'Enfer de Tetoüan , qui est vne autre Ville du Royaume de Fez , ausquels lesdits Redempteurs ont fait esperer vn prompt secours.

Captifs racheptez & mis en liberté hors de Salé au vaisseau la Neptune , par les Peres de la Trinité, arriuez à la Rochelle les 12. & 14. d'Aoust , & à Paris le 12. Septembre 1654.

Archeuesché de Roüen , Dieppe & Havre de Grace.

Pierre Lantin.
Robert Croisé.
Nicolas Rouget.
Ioseph Castelly.

Simon Heloine.
Antoine Conseil.
Thomas Rebut du Havre.
Noël Masselin du Havre , mort de-
  puis sa liberté.
Michel le Moyne de Quilbœuf.
Iean du Moutier de S. Valery en Caux.

Euesché de Coustance.

Gilles de la Ruë , achepté le seiziesme
  May , mort le iour de la Pentecoste,
  estoit du lieu de Grandville.
François Trotin de Granduille.
Iulien Deuaux de Blainuille.

Euesché de Bayeux.

Pierre Moteux , du village de sainte
  Honorine.

Euesché de Nantes.

Charles Picher,
Nicolas Billau,   de S. Nazare.
Pierre Durand du Croisis.

Euesché de S. Malo.

Pierre le Prince de Cancale, mort auant
    qu'arriuer en rade.
François Sauuage.
Nicolas Quesnel.

Euesché de Quimper.

Pierre Ergoix bas Breton.
Riou Prieur bas Breton.

Euesché de Luçon , Sables d'Ollone &
S. Gilles.

Martin Chabot.
Pierre Boiuin des Sables.
Pierre Baimin de la Chaune.
Iean Masson,
Simon Petiot,
Iacques Iannet.
Claude Mosnereau.
André Brossart.
Pierre Steuin de S. Gilles.
Iacques Chemineau.

G ij

Bordeaux.

Pierre Belot.
Giron de la Palate.

Euesché de Rhodez.

Bertrand Second.

Euesché & Ville de Bayonne.

Bernard d'Espaignet.
Iean Petit.
Laurens Debalda de S. Iean de Luz.

Prouence.

Iean Berthelot de Marseilles.
Iean Veneau de Martigues.
Balthasar Barthelemy de Martigues.
Estienne Porquier de Sixfours.
François Martin du Pays-Bas.
Nombre 43.

Esclaues qui sont à Tetouan.

Havre de Grace.

Nicolas Dedez.
Iean Lequesne.
Salomon Hauton.
Iacques le Gendre.
Daniel Debrey,
Iacques Tesson,
Louys Maillard,
Paul Beuin,
Iean Baufré,
Guillaume Froger,
Nicolas Saunier.
Estienne la Plasse.
Maistre Michel Saillié.
Antoine Feigray.
Girard de la Parade,

Honfleur & Roüen.

Charles le Vilain,
Denys Baroche.
Nicolas le Febvre, de Roüen.
Pierre du Pileur de la Forest de Leon,
pauure Gentil-homme.

Iacques Boullet.
André de la Riuiere.
Oliuier Ratou.

Sables d'Ollone & S. Gilles.

Gilles Achar.
Iacques Dauid, Huguenot.
Vincent Potras.
Pierre Sandillau.
André Dauid, Huguenot.
Pierre Girard.
Noël Pitra.
Estienne Matée.

Outre ce nombre des dernieres prises, on a conduit plusieurs ieunes enfans & autres hommes de Bayonne audit Tetoüan, qui est la plus cruelle &
abominable captiuité de toute la Barbarie; & si on ne donne secours promp-
tement à ces pauures Chrestiens, ils
renieront infailliblement Iesus-Christ,
dont ceux qui en sont aduertis respon-
dront au iour du Iugement, s'ils ne font
ce à quoy la Loy Diuine les oblige in-
dispensablement.

Obseruation Curieuse.

C'Est vn trait de la Prouidence de Dieu d'auoir sceu disposer en sorte les choses de ce monde, que chaque Prouince ou chaque Royaume, à ie ne sçay quoy de particulier qui le rend recommandable. Celuy-cy à ses beaux bastimens, cét autre ses mines d'or, celuy là ses maisons de plaisance, & l'autre ses prouisions de vin & de bled. Dans cette inegalité ils se rencontrent en ce poinct, que tous ont de grands personnages, de façon que ie puis dire que sans Mahomet, les Habitans du Royaume de Fez & de Salé auoient toutes les dispositions à vne éminente perfection de vie, reglée par des maximes recommandables au Ciel & à la Terre.

Ce Royaume commence entre Masaqueby & Luteon, dure trente-six degrez au long de la Coste de la Mer Occeane, qui sont trois cens lieuës Françoises ou enuiron, & va en terre

iuſques à quatre-vingts lieuës ; Il eſt
fertil & fecond en toutes ſortes de
bleds , en vignes , fruicts, beſtiaux &
mines de poudre d'or. Vn Empereur
de Marocques nommé Mouley Mahomet Xariſe , ayant conquis toute la
Barbarie auoit reüny ce Royaume à
ſon Empire , mais apres ſa mort ſon fils
aiſné refuſant à ſes freres leur legitime
ordonnée par le Teſtament de leur
pere , cauſa vne guerre ciuile dans ſes
Eſtats, qui y a duré ſi long-temps, que
le Roy de Maroques auiourd'huy eſt
deſpoüillé de ſes Royaumes, & n'a plus
que trois à quatre mal-heureuſes places ſous ſa domination. Pendant les
troubles , vn Alchaie ou Gouuerneur
nommé Obayes , apres le deceds de
Muley Maluco Xariſe , s'apropria la
Regence de Fez, ſur lequel vn Muf-
fery l'emporta & ſe qualifia Sainct : de
ſorte que ioignant l'intereſt de la Religion auec celuy de l'Eſtat, il reſta le
maiſtre. Et depuis vingt ans ou peu
plus , autre Sainct deſcendu des Bar-
bes, Nation qui habite les montagnes
ſans maiſons, ſe partagea les Ports de
Mer

Mer & plus belles places de ce Royaume de Fez qui s'appelloit Lahiachié,
qui est celuy sur lequel Cidi Mahamad
Benbobuqnier aujourd'huy regnant a
conquis tout le Royaume, qu'il ne se
peut conseruer estant vieil, & la jalou-
sie contre ses enfans trop grande dans
le pays qui sera aysé à conquerir quand
on voudra y penser serieusement.

En ce Royaume de Salé est vn fort
bon Port de Mer ou d'ordinaire trafiquent nos François du Leuant & du
Ponant, les Espagnols, les Portugais,
les Holandois & les Anglois, quoy
qu'ils courent risques d'estre pris & faits
esclaues en la pluspart des nauigations.
Le Roy de France, les Estats de Ho-
lande & les Anglois ont des Consuls
en ce lieu chez lesquels chaque Nation
exerce sa Religion à portes clauses par
la permission du Prince. Ce Port com-
prend deux Villes ; L'vne est du costé
de l'Isle de Fedale, & l'autre de la Ma-
more qui est au Roy d'Espagne, toutes
deux fermées de murailles & separées
par la riuiere qui se joint a la Mer au
pied du Chasteau : Les personnes de ce

lieu ſont exacts obſeruateurs de leur
Loy de Mahomet, il y a és deux Villes
grand nombre de Moſquites , comme
qui diroit petites Egliſes ou Chapelles,
& deux grandes Moſquées, aux pieds
deſquelles ſont Tours carrées, au plus
haut deſquelles montent d s hommes
qui font le ſignal des prieres & retrai-
tes comme font nos cloches en France:
Le Mouden eſt le ſignal de deux heures
auant iour ; *Louly* eſt le midy ; le *de-
hors* , c'eſt deux heures apres midy (il
faut remarquer qu'vn Drapeau ou En-
ſeigne ſe tire à midy au haut de la Tour,
pour montrer à ceux de la Campagne
que c'eſt l'heure de faire le Sala indiſ-
penſáblemét,& s'abaiſſe à deux heures)
à quatre heures autre ſignal s'appelle
Lazer, auquel toutes boutiques ſe ferment, & les ouuriers quittent beſon-
gne , meſme les eſclaues retournent
pour eſtre renfermez en leurs maſſe-
mores ou baſſe-foſſes , auant la nuict,
le dernier ſignal des prieres s'appelle
Magret , & ſont tous ſi religieux qu'ils
ne manquent en quelque lieu ou compagnie qu'ils ſoient , d'eſtendre leurs

mains au Ciel & s'écrier *Alha Hochbec,*
Biſſemila : Grand Dieu tout ſoit en
ton Nom ; puis ſe mettans à genoux,
plians tout le corps par trois fois , ils
donnent du front contre terre , & diſent, Deliure-nous de tentation ; & ſe
releuans de derriere ſur leurs talons , ils
regardent le Ciel, diſans; Deliure nous
du Diable : Finalement releuez , & les
mains eſtenduës vers le Ciel qu'ils regardent, ils s'eſcrient *allhahem drulha;*
Graces te ſoient renduës. Iamais ils ne
boiuent ou mangent qu'ils ne mettent
la main à la bouche , puis au front, diſans *allhahocbech biſſemilha* , & ayans
beu & mangé reciproquement, ils diſent *allhahem drulha.* Leur profeſſion
de foy eſt en leurs termes , *la ilha , lla*
allha Mehemet raſoul alha , c'eſt à dire,
il n'y a qu'vn ſeul Dieu , Mahomet eſt
ſon Prophete & ſon Apoſtre. Ils croyět
l'vnité perſonnelle & non la Trinité en
Dieu, que Ieſus Chriſt eſt venu du Ciel
preſcher l'Euangile commeMeſſie,qu'il
a eſté rauy & retournera , qu'il auoit
promis qu'vn grand Prophete viendroit
apres luy qui annonceroit au monde

toute verité, & que ce Prophete eſt
Mahomet: Ils diſent que les Chreſtiens
font iniure à Dieu, de croire que Ieſus
ſoit Dieu, & font iniure à Ieſus-Chriſt
de le croire mort d'yne mort infame
comme celle de la Croix, & ce ſont
les deux motifs de leurs perſecutions
contre les Chreſtiens, en quoy ils ſont
tres dignes de compaſſion. Leur dernier ſignal eſt celuy de retraite, qu'on
appelle *Lacha*, auquel toutes les ruës
ſe ferment par Cantons, tant ils appre-
hendent d'eſtre ſurpris des Chreſtiens.

Outre les Moſquées, les Campagnes
ont pleines de petits Domes ou Sepulchres de leurs Sainẟs, où l'on va en
pelerinage ; & ſi vn Chreſtien y eſtoit
entré, ils l'eſtimeroient tellement pol-
lu, qu'ils le condamneroient au feu,
ou à ſe faire More de leur Religion ;
Leur Cimetiere eſt tout autour des murailles, où ils enterrent auec meſmes
ceremonies que les Chreſtiens, c'eſt à
dire, diſans des Prieres & des Pſeau-
mes, & different, en ce que le corps
eſt mis ſur le coſté au ſepulchre, la teſte
accoſtée ſur la main droite, & regar-

dant le Soleil Leuant. Ils ont grand
soin d'inhumer auec honneur, les fos-
ses sont pauées, & de toutes parts or-
nées, en sorte que le corps ne touche à
la terre; deux personnes ne sont iamais
mises en mesme sepulchre, ils enseuelis-
sent comme nous, & la fosse couuerte,
chacun se retire, à la reserue de leur
Prestre qui se met à genoux, & la teste
courbée contre terre, parle à ce pauure deffunt, dont il croit que l'ame de-
meure suspenduë jusqu'au iour du Iugement & de la Resurrection; puis
s'estant retiré, nombre de femmes vien-
nent prier, crier & pleurer, comme
elles font ordinairement les Vendre-
dys, qui est le iour de leur Dimanche.

Leur *Ramadan*, autrement Caresme,
s'obserue inuiolablement, sur peine du
feu, dont le Prince mesme ne seroit
exempt s'il estoit contreuenu sans cause iugée legitime en la Mosquée. Toutes les Lunes alternatiuement portent
ce temps; cette année il a commencé à
la Lune de Iuin, & dure trente iours
qu'il faut exactement accomplir, en
telle sorte que qui ne le peut consecu-

tiuement , doit reparer autre temps au
veu & sceu de l'Assemblée en la Mosquée ; c'est à dire, qu'on apporte fidel
tesmoignage du supléement. Depuis
que la Lune paroist comme vn petit
filet , les *Maraboux* crient aux hauts des
Mosquées *Ramadan* , deslors on tire
fuzils & canons , & depuis ce iour-là
iusques à leur Pasque , ils ieusnent le
iour iusqu'au soir , sans boire ny manger , quelque chaud & fatigue qu'ils
ayent. La nuict , ils boiuent & mangent, mais auec police : Vn *Maraboux*
en chaque quartier monte sur vne des
Tours auec vn Cornet & fait signal,
lors qu'ils peuuent boire & manger ; &
autre signal quand ils peuuent sans pe-
cher contre la Loy , ny enfraindre le
Ramadan , connoistre leurs femmes,
qu'ils ont pour legitimes iusques à neuf.
Pendant le *Ramadan* , ils ne peuuent
jouyr des femmes & filles qu'ils ont
pour esclaues, comme en autre temps:
Apres ce ieusne , ils font leur Pasque
par le sacrifice d'Abraham , immolant
vn mouton au *Mensala* , qui est vn Autel dressé hors les murs vers la riuiere

au bout de leur grand cimetière. Ils croyent que ſi Abraham eut immolé ſon Iſaac , ils feroient tenus de ſacrifier leurs premiers naiz , & font grandes ceremonies , conduiſans la victime au ſacrifice, qui eſt lauée par les Preſtres huit iours durant , & conduite par les ruës tapiſſées de beaux linges & jonchées de fleurs , allans tous chantans auec inſtrumens , & ſignals de particulieres allegreſſes à la mode du pays. Sur tous les Sepulchres, au lieu que nous mettons des Croix, il y a des pierres carrées & grauées de lettres ou chiffres

En l'vne & l'autre Ville ſont les Iuifs qui ont commerce auec les Mores, & gardent leur Loy à la Moſaïque , entr'autres Feſtes ils ont celle des Tabernacles , en laquelle ils dreſſent petites cabanes de verdures & de fleurs , ſous leſquelles repoſent leurs filles pendant la nuict (eſperans touſiours le Meſſie.)

Il s'eſt trouué à Tunis qu'vn gaillard eſpionna ſi adroitement qu'vn Turc engroſſa la Iuifue , & eſperoient que d'elle viendroit l'honneur de leur Nation: Mais ne donnant qu'vne fille au monde, elle montra l'infolence de cette canaille, qui eſt l'abomination du Ciel, de la Terre, & dés Enfers meſme. Ils payent grand tribut pour auoir la faculté d'achepter les Chreſtiens : C'eſt pourquoy il y a grande peine à les auoir d'entre leurs mains. Les Iuifs & les Mores du pays ne ſont pas veſtus de meſme façon ; car les premiers ſont tous violets & tiennent fort de la façon des Religieux ; les autres ont vn caleçon, vne chemiſe par-deſſus en femme, dont les manches reſſemblent à celles des Surplis fer-més, au deſſus leur caffetan en forme de Iuſtaucorps non boutonnez, & vn heque de fine laine comme vn drap dont ils s'enuironnent tout le corps depuis les pieds iuſques à la teſte, les vns & les autres ſont nuds iambes auec des eſcarpins aux pieds & des bonnets en teſte, les Iuifs les portent violets & les Mores rouges. Ces gens paiſſent tous comme des beſtes & en vraye poſture de guenons, aſſis ſur le cul ils tiennent les herbes qu'ils mangent plus

ordinai-

ordinairement que toute autre chose.
Si vn Chreſtien s'arreſte tant ſoit peu
deuant les maiſons des Mouffetis, Maraboux & Docteurs de la Loy, ils ſont
lapidez auec zele; car ces aueuglez eſti-
ment faire grand ſeruice à Dieu de ſou-
leuer les peuples contre les Chreſtiens.
De maniere que la plus grande perſe-
cution procede de ce zele-indiſcret qui
fait conclurre aux eſclaues ce qu'vn
particulier eſcriuit à nos Redempteurs
de Tetoüan en la ville de Salé : *Nous*
ſommes tombez entre les mains de mon-
ſtres compoſez de pluſieurs natures , bru-
taux comme des beſtes, malins comme des
diables , & d'hommes ie n'y en ay encores
remarqué que la figure corporelle. C'eſt
pourquoy ie vous prie me tirer des mains
de ces tygres ; car ie vous aſſeure que ie
ne ſuis pas dans vn eſclauage , mais bien
pluſtoſt dans vn enfer plein de miſeres;
car il n'y a peines ny rigueurs qu'ils n'ayent
exercé en mon endroit & ſur ma perſonne,
&c. De Tetoüan , le premier Iuin
mil ſix cens cinquante-quatre. Voſtre
tres-obeyſſant ſeruiteur , *Nicolas Sau-*
nier. Il eſt vn de ceux que le Gouuer-

neur n'a voulu donner que tous ne
fuſſent racheptez ; On eſpere du zele
& de la pieté de leurs Majeſtez, que
bien-toſt leurs liens ſeront briſez, &
leur liberté ſera acquiſe par la coope-
ration des fidels.

Inclinate aurem veſtram in verba oris
mei. Pſ. 77.

www.ingramcontent.com/pod-product-compliance
Lightning Source LLC
Chambersburg PA
CBHW051132050726
47594CB00003B/1054